BEI GRIN MACHT SICH IHR WISSEN BEZAHLT

- Wir veröffentlichen Ihre Hausarbeit, Bachelor- und Masterarbeit

- Ihr eigenes eBook und Buch - weltweit in allen wichtigen Shops

- Verdienen Sie an jedem Verkauf

Jetzt bei www.GRIN.com hochladen und kostenlos publizieren

Bibliografische Information der Deutschen Nationalbibliothek:

Die Deutsche Bibliothek verzeichnet diese Publikation in der Deutschen Nationalbibliografie; detaillierte bibliografische Daten sind im Internet über http://dnb.d-nb.de/ abrufbar.

Dieses Werk sowie alle darin enthaltenen einzelnen Beiträge und Abbildungen sind urheberrechtlich geschützt. Jede Verwertung, die nicht ausdrücklich vom Urheberrechtsschutz zugelassen ist, bedarf der vorherigen Zustimmung des Verlages. Das gilt insbesondere für Vervielfältigungen, Bearbeitungen, Übersetzungen, Mikroverfilmungen, Auswertungen durch Datenbanken und für die Einspeicherung und Verarbeitung in elektronische Systeme. Alle Rechte, auch die des auszugsweisen Nachdrucks, der fotomechanischen Wiedergabe (einschließlich Mikrokopie) sowie der Auswertung durch Datenbanken oder ähnliche Einrichtungen, vorbehalten.

Impressum:

Copyright © 2018 GRIN Verlag
Druck und Bindung: Books on Demand GmbH, Norderstedt Germany
ISBN: 9783668909571

Dieses Buch bei GRIN:

https://www.grin.com/document/461153

Sebastian Moussa

Wie verändert die Mediennutzung der Jugendlichen den Film?

Probleme der Medien- und Filmsoziologie

GRIN Verlag

GRIN - Your knowledge has value

Der GRIN Verlag publiziert seit 1998 wissenschaftliche Arbeiten von Studenten, Hochschullehrern und anderen Akademikern als eBook und gedrucktes Buch. Die Verlagswebsite www.grin.com ist die ideale Plattform zur Veröffentlichung von Hausarbeiten, Abschlussarbeiten, wissenschaftlichen Aufsätzen, Dissertationen und Fachbüchern.

Besuchen Sie uns im Internet:

http://www.grin.com/

http://www.facebook.com/grincom

http://www.twitter.com/grin_com

Professur für Soziologie

Fakultät Wirtschafts- und Sozialwissenschaften

Wie verändert die Mediennutzung der Jugendlichen den Film?

Moussa, Sebastian

Abgabe:
Hamburg, 12.09.2018

Inhaltsverzeichnis

Inhaltsverzeichnis .... - 2 -
Abkürzungsverzeichnis .... - 3 -
1. Einleitung .... - 4 -
2. Definition: Jugend, Jugendfilme und Jugendkulturen .... - 4 -
3. Gerätebesitz der Jugendlichen .... - 5 -
4. Der Film im Wandel der Zeit .... - 6 -
5. Welche Auswirkungen haben die technischen Fortschritte auf den Film? ... - 7 -
6. Die Probleme des Films .... - 9 -
7. Fazit .... - 10 -
Literaturverzeichnis .... - 13 -
Abbildungsverzeichnis .... - 15 -

Abkürzungsverzeichnis

f. - folgend
ff. – folgende
p. – Page/ Seite
z.B. – Zum Beispiel

1. Einleitung

Aufmerksam geworden durch den Zeitungsartikel „Jugendliche und die digitale Welt" (Boeselager, 2018), stellt sich mir die Frage:

„Wie verändert die Mediennutzung der Jugendlichen den Film?"

Mit dieser Hausarbeit prüfe ich daher, ob ein Zusammenhang der verstärkten Mediennutzung von Jugendlichen und Filmen besteht. Die gewaltigen technischen Fortschritte der letzten Jahre sowie das ständige und vereinfachte Mitführen von elektronischen Geräten erleichtert den sofortigen Zugriff auf die Medienlandschaft. Somit besteht die Möglichkeit mit diversen Geräten Filme anzuschauen, wodurch die klassischen Medien wie TV oder Kino zum Teil ersetzt werden.

2. Definition: Jugend, Jugendfilme und Jugendkulturen

Der Begriff „Jugend" ist ein definierter wissenschaftlicher Begriff, welcher dazu verwendet wird, eine bestimmte Gruppe von Menschen zu definieren, der Begriff umschreibt Heranwachsende zwischen 12 und 19 Jahren. (Albert Scherr, 2009, p. 17 ff.) Daher wurde für sie bei Filmen ein eigenes Genre entwickelt, welches sich mit ihren Problemen und Fragen auseinandersetzt. Sehr oft werden in den Filmen Idole und Helden verkörpert, zu denen die Jugendlichen aufschauen und sich identifizieren können. (Ingelore König, 1995, S. 185 ff.)

Mit dem Genre „Jugendfilm", werden nicht nur junge Erwachsene angesprochen, sondern auch viele ältere Menschen, diese werden als junggeblieben Erwachsenen bezeichnet. Das Genre „Jugendfilm" hat sich in den 1950ern etabliert, ab hier verstanden die Filmmacher und Regisseure, dass es einen Markt für Jugendliche gibt. Hierbei muss beachtet werden, dass sich der Markt ständig im Wandel befindet und die Nachfrage aufgrund der Geburtenrate in den Jahren zuvor variieren kann. (Markus Kuhn, 2013, S. 295 ff.) Des Weiteren gilt es zu beachten, dass es auf der Welt demographische Unterschiede gibt, beispielsweise kann ein europäischer Jugendfilm im asiatischen Bereich weniger Akzeptanz findet, da europäische Jugendliche vor andere Probleme stehen als asiatische Jugendliche.

Jugendliche werden gesellschaftlich in Jugendkulturen eingeteilt, diese definiert sich meist über einen Zeitraum von 10 Jahren und beschreibt in der Regel das Verhalten und Aussehen, wie Kleidungstile und Frisuren von Jugendlichen. Selbstverständlich gibt es allerdings auch hier Jugendliche, welche sich nicht mit den jeweils verfügbaren Jugendkulturen identifizieren. Von

Außenseitern wird nicht gesprochen, sondern eher von Individualisten. Ein Vergleich zu Musikrichtungen lässt erkennen, wie viele unterschiedliche Jugendkulturen und Subkulturen existieren. (Albert Scherr, 2009, p. 181 ff.)

3. Gerätebesitz der Jugendlichen

Heutzutage haben Jugendliche auf diverse Geräte zur medialen Nutzung Zugriff. Generell war nach dem Millenniumjahr ein starker Zuwachs an diversen Geräten zu beobachten, der für die Jugendlichen zu einem hohen Stellenwert führte. (Wegener, 2016, S. 28 f.) Hinzukommt, dass Jugendliche sehr lernfähig sind und gerne neue Produkte und Dienstleistungen testen, sie gelten in der Regel daher als technikaffin. (Scheer, 2009, S. 148 f.) Dies spiegelt sich in der jährlich erhobenen Jim-Studie nieder, wenn beachtet wird, auf welche Geräte Jugendliche im Durchschnitt Zugriff haben. (MPFS - JIM, 2017)

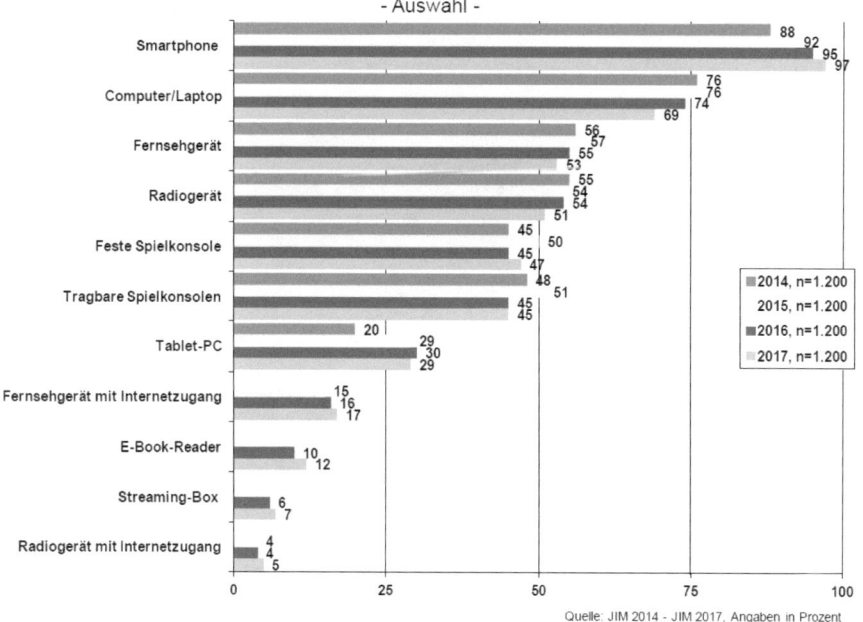

Abbildung 1

Die obeng aufgeführte Tabelle verdeutlicht, wie viele Geräte sich im Besitz eines Jugendlichen befinden. Fast alle zuvor aufgeführten Geräte lassen sich zum Konsum von Filmen nutzen. Allerdings darf hierbei nicht vergessen werden, dass der bloße Besitz der Geräte nicht einen Rückschluss auf die Nutzung der Geräte zulässt. Wenn zurückliegende JIM-Studien angeschaut werden, können ebenfalls Unterschiede beim Besitz festgestellt werden. Als Beispiel soll die JIM-Studie des Jahres 2000 dienen, einige der damals aufgeführten Geräte sind inzwischen schon lange aus den Jugendzimmern verbannt. Freuten sich beispielsweise im Jahre 2000 34% der Befragten über einen Videorecorder, so wird dieser heute noch bestenfalls auf dem örtlichen Schrottplatz angetroffen. Es lässt sich klar feststellen, dass sich die Geräte, welche von Jugendlichen zum Konsum eingesetzt werden alle 10 Jahre verändern und die Austauschintervalle immer kürzer werden. (MPFS - JIM, 2000)

4. Der Film im Wandel der Zeit

Ab 1895 war es der Menschheit erstmals möglich, bewegte Bilder mit Hilfe eines Kinematographen aufzunehmen, zuvor konnten nur bewegte Bilder erstellt werden, wenn z.B. eine Serienaufnahme von Fotos erstellt wurde. Somit waren die ersten stummen, schwarzweißen Filme geboren, diese waren untermalt durch Klavierbegleitung in den Kinos. Es dauerte fast weitere 30 Jahre bis es möglich war, den bewegten Bildern eine Audiospur hinzuzufügen und diese synchron zum Film ablaufen zu lassen, somit entstand schließlich der erste Film mit bewegten Bildern und einem Ton. (Winter, 1992, S. 1 ff.) Anfangs waren Kino-Besuche der besseren Gesellschaft vorbehalten, heutzutage kommt jeder in den Genuss von bewegten Bildern mit Ton.

Ab 1930 gab es erste Experimente mit Röhrengeräten, diese ermöglichten den Genuss des bewegten Bildes mit Ton in einer gemütlichen Privatsphäre von zu Hause aus. In Farbe konnten die ersten Filme ab den 1960ern von zu Hause empfangen werden, da die Farbfilmproduktion mehr in den Vordergrund rückte und die Schwarzweißproduktion ablöste. Der Fernseher etablierte sich über die Jahre weltweit in den Haushalten, verfügt heute fast jeder Haushalt über mindestens einen Fernseher. Selbstverständlich wurde auch dieser über die Jahre verbessert, wodurch das Fernsehgerät immer schmaler wurde und die Bilddiagonale anwuchs. Im Vergleich zu früher besitzen wir heute diverse Möglichkeiten, um Filme anzuschauen. Musste früher noch zwangsläufig ein Kino aufgesucht werden oder der Fernseher angeschaltet werden, so lassen sich Filme heute über diverse Endgeräte konsumieren. (Rathje, 2018)

So konnte der Film ebenfalls beachtliche Erfolge feiern. Aufgrund des technischen Fortschrittes konnte die Filmqualität über die Jahre verbessert werden. Inzwischen ist der Fortschritt derart weit, dass wir Filme mit besserer Auflösung produzieren können, als das menschliche Auge es wahrnehmen kann. (Handelsblatt, 2018)

5. Welche Auswirkungen haben die technischen Fortschritte auf den Film?

Wie wir bereits erfahren konnten, haben Jugendliche heute auf diverse Endgeräte Zugriff, um Medien zu konsumieren, zusätzlich haben sich die Filme im Bereich der Qualität in den letzten Jahren nochmals sehr stark verbessert. Allerdings bleibt offen, welche Auswirkungen dies auf Jugendfilme hat. Die Jugend ist bei Filmen anspruchsvoller geworden, es zeigt sich, dass der Fernseher noch immer das primäre Hauptkonsummittel darstellt, um Filme zu betrachten. (MPFS - JIM, 2017, S. 62 ff.) Trotzdem scheint gerade der Fernseher, wenn es um lineare Fernsehinhalte geht, an Zuwachs einzubüßen. Dies liegt daran, dass Filme und Serien nicht mehr den Hauptteil an Unterhaltung ausmachen, sondern Jugendliche lieber andere Geräte bevorzugen. (MPFS - JIM, 2017)

Generell lässt sich sagen, dass Jugendliche es bevorzugen, Online-Videos anzuschauen, allerdings handelt es sich hierbei nicht um Filme oder Serien, sondern eher um Videos, die beispielsweise auf YouTube oder ähnlichen Plattformen abgerufen werden können. Generell kann festgestellt werden, dass Jugendliche seltener ins Kino gehen, um die neuesten Filme sehen zu können, sondern lieber Bloggern auf YouTube folgen und sich Videos von diesen anschauen. (MPFS - JIM, 2017) (Wegener, 2016, S. 38 ff.) (Bleul, 2018)

Jugendliche wollen heutzutage das gezeigte Programm selbstständig bestimmen und sich nicht mehr nach Fernsehzeiten richten. Dadurch wird auch die vor dem Fernsehgerät verbrachte Zeit bei jungem Publikum immer weniger. (Spiegel Online, 2017) (Internationales Zentralinstitut für das Jugend- und Bildungsfernsehen, 2018)

Die nachfolgende Grafik zeigt die Interessen der Jugendlichen. Hierbei ist erkennbar, dass sich Filme und Serien im mittleren Segment niederschlagen. Der Fernseher ist immer noch angesagt bei Jugendlichen, auch wenn nur noch jeder zweite einen eigenen Fernseher besitzt. Dieser steht nicht mehr allein im Vordergrund, um Filme und Serien zu konsumieren. (MPFS - JIM, 2017)

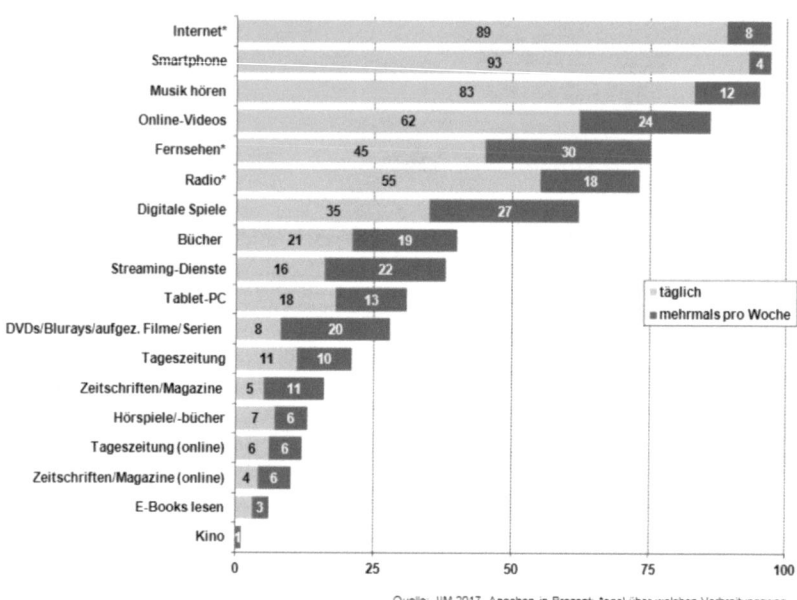

Abbildung 2: Medienbeschäftigung in der Freizeit 2017

Interessanterweise gab es zuvor bereits einen ähnlichen Wandel bei Jugendlichen, als sie sich in den 50er und 60er Jahren von Radiogeräten verabschiedeten und der Fernseher sich in den Haushalten etablierte. Im Laufe der Zeit wurde die Anschaffung eines zweiten Fernsehgerätes für die Jugendzimmer erschwinglich. Bekanntermaßen entstand um diese Zeit ebenfalls das Genre Jugendfilm.

Das Genre für junge Erwachsene wurde etabliert um passende Filme zu produzieren und erfolgreich zu vermarkten. In den 1980er entwickelten die damaligen Schauspieler der Serien Baywatch und Knight Rider zu Idolen und Vorbildern.

Seit kurzem lassen sich Jugendliche von Influencern leiten, diese haben auf Plattformen wie YouTube, Instagram und ähnlichen Portalen eine Markenpräsenz geschaffen, welche die Jugendlichen unter anderem zum Kauf von Produkten animieren. Interessanterweise benötigen Influencer kein Startbudget oder viel Werbung, da sich die Markenpräsenz von alleine durch mehrfach abgerufene, selbsterstellte Videos entwickelt. Die Jugendlichen können durch Kommentare mitwirken und sich mit Gleichgesinnten austauschen ohne großen Aufwand. (Wegener, 2016, S. Seite 29 ff.) Teils haben Influencer mehr Aufrufe auf ihren Videos als Jugendfilme Kinobesucher ins Kino locken. (Schmitt, 1997, S. 468 ff)

Der technische Fortschritt hat inzwischen den Film dahingehend verändert, dass es durch die breite Auswahl an Möglichkeiten, jedem Jugendlichen selbst überlassen bleibt, welchen Film er zu welchem Zeitpunkt betrachten möchte. Dies wird ebenfalls durch den erhöhten Stellenwert von Streaming im Vergleich zu DVDs widergespiegelt. Selten kaufen Jugendliche noch Filme auf Speichermedien, da sie in der Regel keine Filme oder Serien mehrfach anschauen, sondern ständig aufgrund des hohen Angebotes neue Serien und Filme erleben möchten, im Gegenschluss bedeutet dies, dass es ein Überangebot an Sendungen gibt. (Scheer, 2009, S. 144 ff.)

Früher gab es vergleichbare Angebote, wie Filmverleih aus Videotheken. Allerdings sind diese nicht mit Streaming zu vergleichen, da das Angebot sehr überschaubar war, für jeden einzelnen Film eine Gebühr entrichtet werden musste und Öffnungszeiten zu berücksichtigen waren; dies sind einige Gründe für das Aussterben von Videotheken. (Tagesspiegel, 2018)

6. Die Probleme des Films

Seit einigen Jahren wird ein verstärkter Trend zu Serien beobachtet, da Jugendliche mehr auf Filme verzichten und lieber Serien bevorzugen. Dies hängt damit zusammen, dass Serien wie „The Big Bang Theory" um einiges humorvoller sind und weniger Zeit in Anspruch nehmen als Filme normaler Spiellänge.

Sollte einem Jugendlichen die Serie nicht gefallen, kann er schon nach einer Folge entscheiden, ob er diese weiterhin verfolgen möchte oder nicht.

Hier kann das Phänomen beobachtet werden, dass Jugendliche bereits ihr Zeitmanagement im Blick haben müssen und auch dadurch einen größeren Druck verspüren. Hinzu kommt, dass Jugendliche schneller erwachsen werden müssen als früher. Daher stehen Jugendfilme vor dem Problem, die Sorgen und Fragen der Jugend optimal in Bild und Ton darzustellen. Jugendliche werden sehr früh bereits mit Problemen konfrontiert und haben weniger Zeit, sich wie jung zu fühlen. Die heutige Gesellschaft erwartet von ihnen, dass sie bereits sehr früh mit Druck und überzogenen Erwartungshaltungen umgehen können. (Prof. Dr. Jörn Ahrens, 2017, S. 11 ff.)

Im Unterschied zu früher haben Jugendlichen heutzutage mehr Möglichkeiten, um sich mit Medien zu beschäftigen. Diese sind schier endlos und das Internet ist für Jugendliche reizvoller als ein Jugendfilm. Im Vergleich zu früher stehen eine Vielzahl an kostenlosen Medien wie Filmen und Serien im Internet zur Verfügung, für diese muss kein Geld bezahlt werden und im schlimmsten Fall muss Werbeunterbrechung hingenommen werden. (Bartsch, 2018)

Filme für Jugendlichen müssen nicht mehr derart aufwendig produziert werden wie früher, da Jugendliche keine überteuerten und actionüberladenen/ spannungsgeladen Filme benötigen, um begeistert zu sein Sie werden heutzutage viel lieber selber vor der Kamera aktiv und treten in Kurzfilmen bei Portalen wie YouTube in Erscheinung. (Heinze, 2018)

Durch Streaming kann Anonymität bei Filmen geschaffen werden, da Jugendliche nicht mehr wie in Videotheken oder Kinos sich öffentlich zu einem Film bekennen müssen. Da Jugendliche sich seit Streaming relativ frei im Internet bewegen, können diese Freiheiten missbräuchlich genutzt werden. Die empfohlene Altersfreigabe bei Filmen kann von Jugendlichen umgangen werden. Erziehungsberechtigte besaßen bessere Möglichkeiten ihre Kinder zu überprüfen, da diese Filme leihen oder kaufen mussten oder Kinofilme nur unter Vorlage eines amtlichen Ausweises bei Altersbeschränkung schauen durften.

7. Fazit

Betrachten wir die ausgearbeiteten Argumente, so stellen wir fest, dass sich Jugendfilme gewandelt haben. Jugendliche schauen weniger Filme im Fernsehen, bzw. lineares Fernsehen, worunter die privaten und öffentlichen TV-Sender leiden, da diese mit einem starken Quotenrückgang zu kämpfen haben.

Dies hängt damit zusammen, dass Jugendliche ihren Fernseh-Abend individuell zusammenstellen und nicht zeitlich vorgegeben Sendungen anschauen möchten. Durch die Verbreitung von YouTube lassen sich Jugendliche nicht nur von Schauspielern beeindrucken, sondern suchen ihre Vorbilder unter Influencern und Bloggern. Schauspieler wie z.B.: Zac Efron besitzen noch immer hohe Anziehungskraft auf junge Mädchen. Ebenfalls hohes Ansehen genießen Influencer, welches eindrucksvoll durch Follower-Zahlen dargestellt wird, dies wird widergespiegelt, da sie wie Schauspieler an Auszeichnungen teilnehmen und eine hohe Medienpräsenz genießen.

Es werden weiterhin Jugendfilme produziert, welche sich mit ihren Problemen und Sorgen befassen, Spielfilme besitzen aber eine Spieldauer von mindestens 90 Minuten, inzwischen bevorzugen Jugendliche Kurzfilme. Eine Segmentierung der unterschiedlichen Ansprüche der Jugendlichen, gestaltet sich als schwierig, da sie in einer Multioptionsgesellschaft aufwachsen und teils nicht einwandfrei einer bestimmten Gruppe zugeordnet werden können.

Jugendkulturen gibt es bereits seit dem Jahre 1795, im Zuge dessen kam es nach der Erschließung der ersten Jugendkultur aber zu einer Vielzahl von weiteren Jugendkulturen, hinzu kommt das überdimensionierte Angebot an Filmen, welches es Jugendlichen erschwert sich für einen speziellen Film zu entscheiden, obgleich dies für Individualität bei den Filmen sorgt.

Die Multioptionsgesellschaft, in welcher wir uns befinden, schlägt sich auch auf die Jugendlichen nieder. Die Vielzahl an Streamingdiensten, welche die unterschiedlichsten Film und Serienangebote bereitstellen, versuchen Jugendliche mit ihrer Individualität anzusprechen. Demgegenüber können Kino, Videotheken oder das lineare Fernsehprogramm, dies aufgrund der beschränkten Möglichkeiten nicht anbieten.

Die alten Monopole der Kinos und TV-Sender gelangen zusätzlich ins schwanken, da das junge Publikum schwindet. Dies wird bestärkt, da Jugendliche oft durch die Multioptionen mehrere Möglichkeiten gewohnt sind, welche die beiden alten Monopole nur geringfügig anbieten können. Daher wird des Öfteren zu einem zweiten Streamingaccount gegriffen, als ins Kino gegangen. Dies wiederrum hat zur Folge, dass Filme und Serien zum Teil exklusiv für Streamingdienste produziert werden und nur auf diesen verfügbar sind.

Da die Kinobesuche inzwischen einen Tiefpunkt erreicht haben, wie die nachfolgende Zeichnung aufzeigen wird, lässt dies die Vermutung zu, dass Jugendliche zwischen 10 und 19 Jahren, sich aus gesellschaftlicher Sicht mehr zurückziehen und lieber Filme alleine schauen. Werden die älteren Gruppen beobachtet, beispielsweise die Gruppe der 40-49-Jährigen und 50-59-Jährigen, lässt sich sogar beobachten, dass es zu einem leichten Anstiegen bei den monatlichen

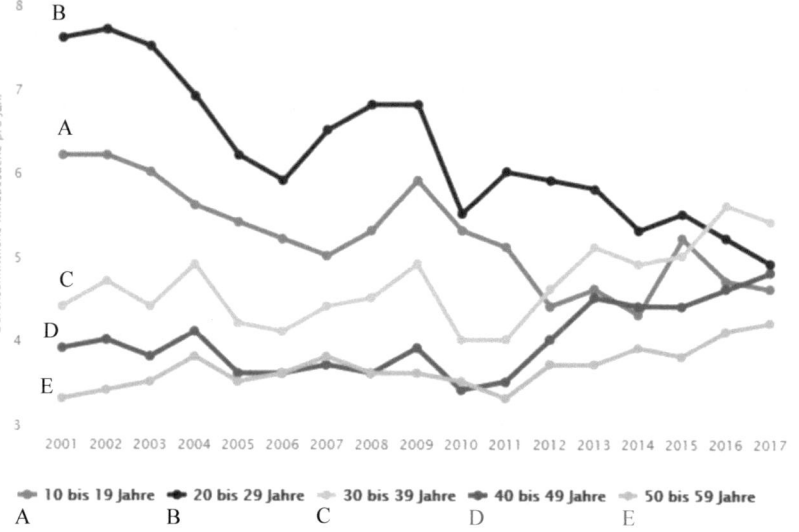

Abbildung 3 - Durchschnittliche Kinobesuche pro Jahr

Besuchen kommt. Daher komme ich zu dem Entschluss, dass Jugendliche das Kino, so wie es früher angenommen wurde, nicht akzeptieren. Die Unterschiede zwischen den regelrecht hochgezüchteten Multiplexkomplexen, die sich bewerben mit Sälen, die 1000 und mehr Leute fassen, sind bei der Jugend schlichtweg nur zum Teil erwünscht und scheinen für sie keinen wirklichen Mehrwert zu ergeben. Hinzu kommt, dass die Ausstattung eines Kinos, teils nur noch minimal besser ist, als die im Eigenheim stehenden Unterhaltungsanlagen, mit Bildschirmdiagonalen von bis zu zwei Metern.

Literaturverzeichnis

Bartsch, D. Z.-L. (2018). *Der neue Pubertätsrealismus.* Abgerufen am 01. September 2018 von https://www.zeit.de/kultur/film/2018-04/noir-serien-teenager-realitaet-jugendserien-millennials-netflix/komplettansicht

Bleul, S. Z.-N. (2018). *Süddeutsche Zeitung.* Abgerufen am 01. 09 2018 von https://sz-magazin.sueddeutsche.de/film-und-kino/kino-kotz-85373

Boeselager, F. (31. 03 2018). *www.Deutschlandfunk.de.* Abgerufen am 16. Juni 2018 von https://www.deutschlandfunk.de/lernziel-medienkompetenz-jugendliche-und-die-digitale-welt.724.de.html?dram:article_id=414470

Handelsblatt. (2018). *Samsung bietet ab Oktober 8K-Fernseher an.* Abgerufen am 30. August 2018 von https://www.handelsblatt.com/technik/it-internet/innovativer-fortschritt-samsung-bietet-ab-oktober-8k-fernseher-an/22976250.html

Heinze, D. C. (2018). Jugend und/im Film: Jugendfilme. Hamburg.

Ingelore König, D. W. (1995). *Zwischen Bluejeans und Blauhemden - Jugendfilm in Ost und West* (1 Auflage Ausg.). Berlin: Henschel Verlag GmbH.

Internationales Zentralinstitut für das Jugend- und Bildungsfernsehen. (2018). *Grunddaten Jugen und Medien 2018.* Abgerufen am 01. September 2018 von http://www.br-online.de/jugend/izi/deutsch/Grundddaten_Jugend_Medien.pdf

Markus Kuhn, I. S. (2013). *Filmwissenschaftliche Genreanalyse.* Walter de Gruyter GmbH & Co.KG.

MPFS - JIM. (Dezember 2000). *mpfs.de.* Abgerufen am 23. Juni 2018 von https://www.mpfs.de/fileadmin/files/Studien/JIM/2000/JIM_Studie_2000.pdf

MPFS - JIM. (November 2017). *mpfs.de.* Abgerufen am 23. Juni 2018 von https://www.mpfs.de/fileadmin/files/Studien/JIM/2017/JIM_2017.pdf

Prof. Dr. Jörn Ahrens, D. d. (2017). *Kino und Krise Kultursoziologische Beiträge zur Krisenreflexion im Flim.* Gießen: Springer VS.

Rathje, M. (2018). *Die Geschichte der IFA.* Abgerufen am 28. 08 2018 von https://www.tagesspiegel.de/themen/ifa/technik-im-wandel-die-geschichte-der-ifa/22951054-all.html

Scheer, A. (2009). *Jugendsoziologie.* (V. V. Sozialwissenschatgen, Hrsg.) Wiesbaden: VS Verlag für Sozialwissenschatgen.

Schmitt, G. L.-C. (1997). *Geschichte der Jugend.* Frankfurt: Fischer Verlag GmbH.

Spiegel Online. (2017). *Dem klassischen TV rennen die Zuschauer weg.* Abgerufen am 30. Juni 2018 von http://www.spiegel.de/kultur/tv/ard-und-zdf-das-klassische-fernsehen-verliert-zuschauer-a-1185489.html

Tagesspiegel, D. (2018). *Die Videothek stirbt.* Abgerufen am 20. 08 2018 von https://www.tagesspiegel.de/wirtschaft/medienwandel-die-videothek-stirbt/21072034.html

Wegener, C. (2016). *Aufwachsen mit Medien* (1. Auflage Ausg.). Wiesbaden: Springer Fachmedien.

Winter, D. P. (1992). *Filmsoziologie - Eine Einführung in das Verhätlnis von Film, Kultur und Gesellschaft*. Trier: Quintessenz Verlags-GmbH, München.

Abbildungsverzeichnis

Abbildung 1: Gerätebesitz Jugendlicher 2017 .... - 5 -
Abbildung 2: Medienbeschäftigung in der Freizeit 2017 .... - 8 -
Abbildung 3 - Durchschnittliche Kinobesuche pro Jahr .... - 12 -

BEI GRIN MACHT SICH IHR WISSEN BEZAHLT

- Wir veröffentlichen Ihre Hausarbeit, Bachelor- und Masterarbeit

- Ihr eigenes eBook und Buch - weltweit in allen wichtigen Shops

- Verdienen Sie an jedem Verkauf

Jetzt bei www.GRIN.com hochladen und kostenlos publizieren